Mots d'enfants

JEAN-CLAUDE HURIAUX

MOTS D'ENFANTS

Les Éditions des Intouchables bénéficient du soutien financier de la SODEC, du Programme de crédits d'impôt du Gouvernement du Québec, du PADIÉ et sont inscrites au Programme de subvention globale du Conseil des Arts du Canada.

LES ÉDITIONS DES INTOUCHABLES
1463, boulevard Saint-Joseph Est
Montréal, Québec
H2J 1M6
Téléphone : (514) 526-0770
Télécopieur : (514) 529-7780
info@lesintouchables.com
www.lesintouchables.com

DISTRIBUTION :
Prologue
1650, boulevard Lionel-Bertrand
Boisbriand, Québec
J7H 1N7
Téléphone : (450) 434-0306
Télécopieur : (450) 434-2627

Impression : Scabrini Média
Infographie et maquette de la couverture : David Plasse
Illustration de la couverture : Laurence Ouellette

Dépôt légal : 2003
Bibliothèque nationale du Québec
Bibliothèque nationale du Canada

ISBN 2-89549-109-7

Introduction

Depuis que mon jeune fils Simon est en âge d'exprimer sa rafraîchissante vision des choses et des gens, j'ai pris la joyeuse habitude de noter toutes ces petites perles d'humour spontanées! Chacun de ces candides mots d'enfants représente un moment magique qui s'évanouit vite dans le quotidien s'il n'est pas aussitôt noté.

Convaincu de ne pas être seul à m'émerveiller ainsi devant les mots d'enfants, j'ai eu le plaisir de voir que cet état d'âme était partagé par d'autres membres de ma famille, des amis, des collègues de bureau et beaucoup d'autres parents, grands-parents, gardiennes, professeurs, etc.

De vive voix, par écrit ou par courriel, j'ai recueilli au fil des ans plusieurs centaines de ces petits bijoux de réflexions enfantines! J'ai aujourd'hui le bonheur de partager avec vous plus d'une centaine de ces mots d'enfants qui ne manqueront pas de vous faire sourire, comme ils le font si bien et depuis si longtemps pour mon cœur de parent!

Laissons d'abord parler Simon, l'inspiration de ce livre.

Fiston appelle une grosse fantaisie
une « **éléphantaisie** » !

Simon, 4 ans,
de son papa Jean-Claude.

En passant devant l'aéroport
sur la Rive-Sud, je dis à fiston
qu'il s'agit de l'aéroport de Saint-Hubert.
L'air blagueur, il me demande :

**« C'est ici que les poulets BBQ
atterrissent ? »**

Simon, 4 ans.

Comme fiston trouvait
que j'avais haussé le ton,
il me répliqua :

**« Parle pas trop fort,
ça fait de la pollution
dans mes oreilles ! »**

Simon, 4 ans.

Sachant que sa mère tient
à ce que la maison soit immaculée,
fiston lui dit :

**« J'veux pas grandir
pour toucher au plafond
parce que ça va faire des taches ! »**

Simon, 4 ans.

Un jour que fiston
était en colère contre moi,
il me lança :

**« Si tu continues comme ça,
je vais te mettre en vente,
pis ça va être gratuit ! »**

Simon, 4 ans.

Quand on lui demande
s'il préfère avoir un petit cousin
ou une petite cousine, en parlant
de sa tante enceinte, fiston déclare :

« C'est le ventre qui décide ! »

Simon, 5 ans.

Fiston s'apprête à traverser la rue.
Il regarde bien à gauche,
puis à droite et déclare :

« Pas de voiture à l'horizontal ! »

Simon, 5 ans.

Un jour que fiston était très fâché
contre moi, il me lança :

**« Tu as fait saigner mon p'tit cœur
pis ça va déborder dans mes yeux! »**

Simon, 5 ans.

En visionnant avec fiston un film
de Disney, *Mulan*, je lui dis
que les méchants envahisseurs
de la Chine s'appellent les Huns.
Il me demande alors :

« Les deux, c'est qui ? »

Simon, 5 ans.

En regardant un film où on voyait
une dame remporter un gros prix
à une machine à sous
et déclencher tout un tintamarre,
fiston déclare :

« La madame, elle a gagné le grelot ! »

Simon, 6 ans.

En disant à fiston que,
pour la première fois,
il allait manger du ragoût,
il s'inquiète :

**« Du ragoût, est-ce que
ça goûte le rat ? »**

Simon, 6 ans.

À la télé, on disait
d'un chanteur d'opéra
qu'il chantait comme Pavarotti.
Fiston demande :

**« Pourquoi ils disent
qu'il chante comme un papa rôti ? »**

Simon, 6 ans.

Fiston sort des toilettes
et je lui demande
s'il a fait un gros pipi.
Il me répond :

**« J'comprends,
un vrai boyau d'arrosage ! »**

Simon, 6 ans.

Avant de partir pour l'école,
fiston me dit :

**« Papa, pour m'acheter
une bouteille d'eau,
j'ai besoin de deux bêtes à cornes ! »**
(deux pièces de 25 cents)

Simon, 6 ans.

Dans l'histoire que nous lisions,
le héros prenait un gros repas
et fiston m'arrête soudain
sur le mot « copieux » :

**« Est-ce qu'il a copié
le repas de quelqu'un d'autre ? »**

Simon, 6 ans.

Nous parlions des couleurs
et fiston me dit :

« Papa, le rose c'est du rouge de fille ! »

Simon, 6 ans.

•

Fiston appelle le héros du film *Titanic*,
« Leonardo di Cappuccino » !

Simon, 6 ans.

Fiston vérifiait l'orthographe
des mots de son devoir.
Il constate soudain que « nue »,
le féminin de « nu »,
compte une lettre de plus :

**« C'est normal, les femmes
en ont plus à montrer ! »**

Simon, 7 ans.

Mon amie est en train
de jardiner avec son fils.
Elle lui dit de chasser les oiseaux
qui veulent manger
les graines qu'elle sème,
mais l'enfant lui réplique :

**« Maman, laissons-les faire.
Ça serait si joli des oiseaux
avec des fleurs sur le dos ! »**

Antoine, 4 ans,
de son amie Colette.

À propos des avions
qui laissent des traînées blanches,
Karine dit :

**« Regarde, les avions
grafignent le ciel ! »**

Karine, 5 ans,
de Richard.

Nous revenions de Savoie
où nous étions allés skier.
En redescendant dans la vallée,
mon jeune fils voit une usine
dont les cheminées crachent
des volutes de fumée.

L'air complètement ébahi, il nous dit :

**« Regardez, une usine
à fabriquer des nuages ! »**

François-Julien, 4 ans,
de son papa Aubard.

Il faisait beau et chaud.
Ma fille me dit :

**« Maman, n'oublie pas
de te mettre de la crème,
sinon le soleil
va te donner un coup ! »**

Amélie, 3 ans,
de sa maman Manon.

Ma fille décrit le printemps ainsi :

**« C'est quand la neige fond
et repousse en gazon. »**

Noémie, 5 ans,
de son papa Christian.

•

Ma fille dit qu'elle n'aime pas
beaucoup avoir du **« carré de sable »**
dans ses souliers !

Laurence, 3 ans,
de sa maman Isabelle.

Un soir où le ciel était clair,
mon neveu m'a dit,
en regardant le quartier
de lune qui brillait :

« Regarde, la lune est cassée ! »

Édouard, 2 ans,
de sa tante Marijo.

Au printemps, ma fille
a demandé à sa grand-mère :

– C'est quand ma fête ?

– Les feuilles des arbres vont pousser
et quand elles tomberont,
ce sera ta fête.

– Je vais les arracher tout de suite !

Sabrina, 4 ans,
de sa maman Ginette.

Par une journée pluvieuse,
ma petite-nièce
demande à son père :

**« Papa, si je bois l'eau de la pluie,
est-ce que ça va goûter les nuages ? »**

Dominique, 5 ans,
de sa grand-tante Hélène.

Mon mari prépare ses bagages
pour partir en avion à la pêche.
Mon fils lui demande :

**« Quoi, tu pars à la pêche en avion ?
Alors, ça doit prendre une longue
canne à pêche ! »**

Marc-Olivier, 5 ans,
de sa maman Hélène.

La fille de ma belle-sœur
avait appris que le Saint-Esprit
avait pris la forme d'une colombe.
Quelque temps plus tard,
elle était dehors lorsque soudain
un goéland survola le terrain.
La petite s'écria :

« Maman, maman, le Saint-Esprit ! »

Lucie, 7 ans,
de Marcelle.

Nina avait très peur d'un chien
qui l'approchait et voulait la lécher.
Pour la rassurer, sa maman lui dit :

– N'aie pas peur. Il ne te mangera pas !

**– Ah oui ? Ben pourquoi
il me goûte d'abord ?**

Nina,
de Diane.

Alors que nous discutons entre amis
de la sauvegarde des bélugas,
ma jeune fille vient nous dire :
« **Béluga, béluga** » en pleurnichant
et en maugréant.

Étonnés par ses agissements,
nous lui demandons ce qui ne va pas
et elle s'écrie alors :

**« Béluga, béluga… et les bélufilles,
elles, pourquoi on les sauve pas ? »**

Maude, 4 ans,
de sa maman Lise.

Mon fils me demande un jour :

– Maman, qui habite sur la lune ?

– Pourquoi tu me demandes ça ?

– Ben, parce qu'elle est allumée
    à tous les soirs !

Pierre, 4 ans,
de sa maman Denise.

Un matin d'hiver, ma fille pelletait
la neige du terrain. Soudain,
lorsqu'elle fut rendue au gazon,
elle me cria :

« Papa, j'ai trouvé l'été ! »

Marie-Pier, 4 ans,
de son papa Pierre.

Ma fille fait répéter le
Je vous salue, Marie
à sa petite de 6 ans
et celle-ci récite :

**– Je vous salue, Marie…
Priez pour nos chasseurs.**

**– Mais non,
c'est « pour nous pécheurs ».**

**– Ça fait assez longtemps
que je prie pour les pêcheurs,
je prie maintenant pour les chasseurs !**

Jessee-Ève, 6 ans,
de sa grand-maman.

Mon mari était parti en excursion
de pêche de l'autre côté de La Tuque.
Pour rire, mon fils a dit :

**« Ouais, de l'autre bord de La Tuque,
c'est le pompon ! »**

Vincent, 9 ans,
de sa maman Diane.

Mon frère était à la pêche avec son fils.
Dans un pot, il y avait des vers de terre.
Mon frère demande à son fils :

– Donne-moi un ver...
Ça te prend donc bien du temps...

– Ben papa, ils sont tous rouges,
j'en trouve pas des verts !

Charles, 4 ans,
de sa tante Claire.

À l'exposition agricole
de Saint-Hyacinthe, ma nièce et moi
sommes allées flatter des moutons.
Surprise par la douceur
de la laine du mouton,
la petite s'écrie :

**« Hey, c'est doux ! Il doit être bien,
lui, là-dedans ! »**

Anne, 6 ans,
de sa tante Viviane.

Avec un de mes petits-fils,
nous regardions une araignée tisser
sa toile. En voyant l'araignée
monter et descendre pour faire son fil,
mon petit-fils m'a dit :

**« Hey ! Grand-maman,
l'araignée, elle fait du bungee ! »**

De sa grand-maman Gemma.

Suite à un orage,
le soleil était réapparu
dans le ciel
alors qu'il pleuvait encore.

Je montre alors à mon fils Samuel,
2 ans et demi, le magnifique arc-en-ciel.
Comme c'est la première fois
qu'il en voit un, il s'écrie :

**« Wow ! c'est beau papa !
Qui a dessiné ça ? »**

De son papa Patrice.

Ma petite-fille racontait
à sa mère sa visite
au Salon des animaux :

« Je me demande bien pourquoi
ils ont appelé ça le Salon des animaux...
Y avait même pas de divan
et en plus, c'était dehors ! »

Samantha, 6 ans,
de sa grand-maman.

Samuel, 3 ans, fait du vélo
avec son papa. Ils vont si vite
que Samuel a les yeux qui pleurent :

**« Arrête Papa,
le vent, il me fait de la peine ! »**

De sa maman Diane.

Ma petite-fille de 3 ans
voit passer un hydravion :

**« Ça, c'est un avion
qui vit sur la rivière ! »**

De sa grand-maman Gilberte.

•

En regardant de vieilles photos
avec son père, mon neveu dit :

**« Papa, est-ce que tout était
en noir et blanc dans l'ancien temps ? »**

Pierre-Olivier, 5 ans,
de son oncle Gilles.

J'avais raconté à ma petite-fille Christel
que le soleil et la lune étaient mari
et femme mais que lorsque le soleil
allait se coucher, la lune se levait
pour prendre sa place et aller travailler.

Un jour que le soleil était couvert,
Christel m'a demandé :

**– Mamie, le soleil est-tu
couché avec la lune ?**

– Ben oui…

– Y vont-tu faire des étoiles ?

De sa grand-maman Nicole.

Sur l'autoroute, en constatant
le flot de circulation, mon fils me dit :

**« Il y a beaucoup de personnes
qui vont où on va, hein, maman ? »**

Mathieu, 4 ans,
de sa maman Micheline.

•

Fiston est étendu sur le ventre
et agite ses bras et ses jambes en tous sens.
Fier de lui, il dit :

« Regarde maman, je sais nager ! »

Pascal, 3 ans,
de sa maman Sylvie.

Un jour où son père revenait
de l'épicerie avec un gâteau,
ma fille lui demanda :

– C'est pour qui, le gâteau, papa ?

– Pour tous ceux qui s'aiment !

**– Tu sais, moi, je m'aime
beaucoup, papa !**

Zoé, 4 ans,
de sa maman Dominique.

Mon fils m'a déclaré ce matin :

– Quand je serai grand, je serai docteur.

– C'est bien, mais docteur pour qui ?
Les enfants ? Les parents ? Les animaux ?

– Pour les malades !

Kévin, 5 ans,
de sa maman Véronique.

En essayant de jouer à un jeu de société
pour les plus vieux, ma fille dit
d'un air découragé :

**« C'est plate !
Pourquoi les gens sur la boîte
ils s'amusent, eux ? »**

Brigitte, 3 ans,
de son papa Patrick.

Après la tempête de neige de la nuit,
mon fils déjeune pendant que je suis
dans ma chambre à l'étage
en train de m'habiller.

Son père descend et me crie qu'il va aller
donner un coup de pelle.

Perplexe, fiston regarde son père
et lui demande :

« À qui ? »

Vincent,
de sa maman Annie.

À l'école, autrefois, on attribuait des
rangs lors de la distribution
des bulletins.

Mon beau-frère parlait à ma petite fille et,
à un certain moment, il lui dit :

**– T'es donc intelligente toi,
tu dois certainement être
la première à l'école ?**

**– Ben non, mon oncle, voyons,
on arrive tous ensemble en autobus !**

De Myre.

Ma petite-fille me demande :

– **Pourquoi tu n'as plus de cheveux ?**

– **Parce que je les ai perdus.**

– **Où ? Je vais t'aider à les chercher !**

Annabelle, 4 ans,
de son grand-papa Claude.

Mon fils, qui discutait avec son père,
lui dit :

**« Si on meurt dans la maison,
on ne pourra pas monter au ciel
parce qu'il y a un plafond ! »**

Pascal, 4 ans,
de sa maman Céline.

Ma fille me demande :

**« Maman, quand tu étais petite
et que papa était petit,
c'étaient qui mes parents ? »**

Sandrine, 3 ans,
de sa maman Julie.

On demande à mon neveu
s'il a bien eu ce qu'il voulait pour sa fête.
D'un air satisfait, il répond :

« Oui, j'ai eu 6 ans ! »

Mickaël,
de sa tante Chantal.

Mon fils a un petit rhume
et il commence à tousser.
Je le regarde, je tousse et je lui dis :

**« Oups ! je crois que maman
a attrapé ton rhume ! »**

Il tousse à son tour, me regarde et dit :

**« Voyons maman, c'est pas vrai,
je l'ai encore ! »**

Mathieu, 5 ans,
de sa maman Diane.

Marie-Josée présente
quelques légumes à Patrice :

**– Tu dois être assez grand
pour manger du brocoli.**

**– Est-ce que je suis assez grand
pour manger des chips aussi ?**

Patrice, 3 ans,
de Claire.

Mon fils a reçu une montre à Noël.
Elle se brise après quelques jours
et je lui explique que je la ferai réparer
car elle est sous garantie.

Quelques jours plus tard,
il a mal à un bras et me demande
s'il est encore sous garantie !

Anthony, 5 ans,
de sa maman France.

Mon voisin veut vendre sa propriété
et il a posé des pancartes sur les arbres
de son terrain. En voyant celles-ci
pour la première fois, mon fils déclare :

**« Regarde papa, le voisin
a mis ses arbres à vendre ! »**

Christophe, 5 ans,
de son papa Stéphane.

Mon fils me dit sérieusement :

– Maman, il faut que tu m'achètes
des lunettes pour lire.

– Pourquoi ? Tu n'as pas
de problème de vision
et tu ne sais pas encore lire !

– Ben justement,
si j'ai des lunettes pour lire, je saurai !

Pier-Luc, 5 ans,
de sa maman Sissye.

Mon petit neveu, aveuglé par le soleil
alors qu'il était en voiture,
demande à sa mère :

**« Pourquoi le soleil ne veut pas suivre
une autre voiture ? »**

Laurent, 4 ans,
de sa tante Sissye.

Mon petit-fils Frédéric, 3 ans,
est allé reconduire à l'aéroport
sa grand-mère qui partait
trois mois à Cuba.

Au bout de trois mois,
ma fille et Frédéric sont allés
la chercher à l'aéroport.
Frédéric dit alors à sa mère :

**« Elle est restée longtemps, mamie,
dans l'aéroport ! »**

De sa grand-maman Lyne.

Éloïse va bientôt avoir 4 ans :

**– Moi, je veux avoir
un super cadeau pour ma fête !**

– Ah oui ? Et qu'est-ce que tu veux ?

**– Je te le dis pas,
je veux que ça soit une surprise !**

De sa grand-maman Cécile.

Ma sœur a dit à sa fille Ann-Sophie, 3 ans,
qu'elle allait s'acheter
une maison un jour.

Perplexe, la petite lui demande alors :

**« Est-ce qu'ils vont la mettre
dans un sac ? »**

De sa tante Elizabeth.

Mon ami Étienne demande à ma fille :

– Naomi, sais-tu compter ?

– Oui.

– Alors, 1 lion + 1 lion, ça fait quoi ?

– Grrrrr !

Naomi, 2 ans,
de sa maman Anne.

Mon fils Lucas avait 3 ans.
Je lui lis un livre illustrant
les instruments de musique.
Je lui demande de me les nommer,
mais il reste intrigué par le violoncelle.
Je lui dis alors :

« Celui-ci, c'est un violoncelle. »

Il répète puis me dit :

« Et là, c'est une guitare-poivre ! »

De sa maman Valérie.

Les cloches de l'église
sonnaient à toute volée.
En regardant son fils Simon, 4 ans,
sa mère lui demande :

**– Qui donc fait sonner
les cloches comme ça ?**

– Ben, c'est frère Jacques, voyons !

D'Éric.

Yan discute avec sa grand-mère
qui lui dit :

– Si grand-maman gagne au bingo,
je t'achèterai un cadeau.
Alors, demande au petit Jésus
que je gagne !

– Mais je ne connais pas
son numéro de téléphone !

De sa tante Suzanne.

Chloé, 4 ans, est obsédée par le désir
de revenir dans mon ventre.
Je lui ai bien sûr expliqué
que c'était impossible d'y retourner.

Un soir, blottie contre moi, elle me dit :

**« Tu sais, maman, le seul moyen
pour que je retourne dans ton ventre,
c'est que tu me manges ! »**

De sa maman Nathalie.

J'expliquais à mon fils que son père
et moi étions séparés
parce que nous ne nous entendions pas.
Il me dit simplement :

**« Vous aviez rien qu'à parler
plus fort ! »**

Hugo, 4 ans,
de sa maman Lucette.

Mon fils me demande :

**« Papa, quand tu étais jeune,
est-ce que ton père t'amenait voir
les dinosaures au zoo ? »**

Louis-Serge, 4 ans,
de son papa Serge.

Je passais l'Halloween avec ma fille.
Nous sonnons, la personne ouvre
et donne des bonbons à ma fille.
Je dis alors à ma fille :

« Qu'est-ce qu'on dit ? »

Je voulais qu'elle dise merci,
mais elle a plutôt répondu :

« Encore ! »

Geneviève, 3 ans,
de sa maman Martine.

En voyant un homme chauve,
ma fille de 3 ans dit à mon mari :

**« Papa, regarde le monsieur,
il a une efface sur la tête ! »**

De sa maman Michelle.

•

Alors qu'une amie était à la maison,
mon fils dit à celle-ci :

**« Tu sais Alice, l'Eurock, c'est de l'autre
côté de l'océan Aquatique… »**

Philippe, 4 ans,
de sa maman Pierrette.

Mon amie racontait à son fils
l'histoire de la Belle au Bois dormant
et elle conclut de façon classique :

**« La Belle épousa le Prince charmant,
ils vécurent heureux
et eurent beaucoup d'enfants. »**

Le petit, tout penaud, rétorqua :

**« Oh ! C'est Cendrillon
qui a pas dû être contente ! »**

D'Annie.

Ma fille Sarah s'amuse à répéter
tout ce que je lui dis.
L'autre jour, je lui dis :

« Sarah, je t'aime. »

Et elle de me répéter :

« Maman, je t'aime. »

Je lui fais alors une caresse et lui dis :

« Sarah, je t'aime très fort. »

Elle me répond alors en criant :

« Maman, je t'aime ! »

Sarah, 3 ans,
de sa maman Nathalie.

Antoine, 8 ans, demanda :

– **Grand-papa, ta maison est très fragile, n'est-ce pas ?**

– **Comment ça ?**

– **Ben oui, on n'a pas le droit de toucher à rien !**

De son grand-papa Jean.

•

Le père Noël dit à Francine, 4 ans :

– **Qu'est-ce que tu veux pour Noël, ma petite ?**

– **Quoi ? T'as pas reçu ma lettre ?**

De son papa André.

Ma mère disait à ma fille de 3 ans :

**– Enlève ton doigt dedans ton nez
ou tu auras un gros nez !**

– Comme toi, mamie ?

De sa maman Claudine.

•

Marie-Anne, 4 ans :

**« L'amour, c'est quand mon chien
me lèche le visage,
même quand je l'ai laissé seul
toute la journée ! »**

De Chantal.

Le dimanche de Pâques,
ma fille nous explique :

« Jésus, il devait porter sa croix.
Il est tombé,
il est reparti, il est retombé,
il s'est remis debout,
il est retombé… Après, ça été mieux,
on l'a cloué dessus
et il n'est plus tombé ! »

Océane, 5 ans,
de sa maman Anne.

Mon garçon me dit qu'il connaît le
métier que sa tante exerce :

« Elle est pepsichologue... »
(psychologue)

Anthony, 4 ans,
de sa maman Hélène.

•

En voyant une souffleuse à neige,
mon fils me dit :

**« Regarde, maman,
la belle tondeuse à neige ! »**

Mathieu, 3 ans,
de sa maman Véronique.

Je demande à mon fils :

**– Qu'est ce que tu as mangé
pour dîner, Rémi ?**

– Des crottes de monsieur !
(croque-monsieur)

Rémi, 4 ans,
de son papa Richard.

Mon fils se lève avec un mal de gorge
et me dit :

**« Ouch ! Maman, j'ai un problème :
j'ai mal à la gorge
et je ne peux plus avaler ma lessive ! »**

Pier-Luc, 7 ans,
de sa maman Sissye.

•

Mon fils m'a déjà dit :

**« Maman, je t'aime tout le temps,
même entre les secondes ! »**

Erik, 7 ans,
de sa maman Viviane.

Par une journée où il se sentait
plutôt triste,
le fils d'une de mes amies lui demande :

« Maman as-tu peur des touyous ? »

Intriguée, sa mère lui dit
qu'elle ne comprend pas
ce qu'il veut dire.
Il répète sa question.
Finalement, après plusieurs efforts
pour trouver la réponse,
sa mère finit par lui soutirer :

« Ben oui, maman,
l'autre jour chez Vanessa,
on lui a chanté pour sa fête :
"As-tu peur des touyous,
as-tu peur des touyous ?" »
« Happy birthday to you »

Alexis, 3 ans,
de Pierrette.

Lorsque j'ai quitté la maison le matin,
ma fille était fiévreuse.
Plus tard dans la journée,
je lui ai demandé au téléphone
si tout allait bien et elle m'a répondu :

**« Papa, je suis malade parce que
je fais de la température
dans mes fesses ! »**

Amélie, 3 ans,
de son papa Sylvain.

Ma belle-mère a toujours été très fière
de ses origines irlandaises.
Un jour de la Saint-Patrick,
elle explique à sa petite-fille
que la Saint-Patrick
est la fête des Irlandais,
celle des gens qui viennent de l'Irlande.

Un peu plus tard dans la soirée,
ma mère téléphone
et ma fille lui explique
ce qu'elle a appris :

**« Aujourd'hui grand-maman,
c'est la Sympathique,
c'est la fête des gens
qui viennent de la Guirlande ! »**

Julie, 3 ans,
de sa maman Annie.

En visite chez ma nièce Roxane,
je lui dis :

**– C'est bientôt ta fête,
tu vas avoir 5 ans.**

– Oui, je vais avoir toute ma main !

De sa tante Kim.

Pour lui faire pratiquer sa lecture,
je fais parfois lire à ma fille
les plaques d'immatriculation
des véhicules dans les stationnements.

En plus des chiffres et des lettres,
elle me lit la devise du Québec
qui figure au bas des plaques,
« Je me souviens ».

Je lui demande si elle sait
ce que cela signifie
et elle me répond candidement :

**« Bien sûr, ça veut dire
qu'il se souvient
de son numéro de plaque ! »**

Sandrine, 6 ans,
de son papa Bernard.

Une voiture Audi se stationne
devant nous
et mon fils s'exclame :

**« Une BMW avec des anneaux
olympiques ! »**

Bryan, 3 ans,
de sa maman Christine.

Mon fils me voit saupoudrer
du parmesan sur mon spaghetti.
Il me dit alors :

**« Moi aussi maman,
j'en veux du fromage en neige ! »**

Bryan, 3 ans,
de sa maman Christine.

Martin, 5 ans, affirme :

**« L'amour c'est quand la fille
se met du parfum
et que le garçon se met de la lotion
à barbe et qu'ils
sortent ensemble pour se sentir ! »**

De Chantal.

Au repas, ma fille Vanessa
me demande :

**« Maman, je veux manger
du blé d'Inde en rouleau. »**

De sa maman.

●

Une des mes élèves m'a demandé
aujourd'hui :

**« Est-ce que ça te dérange
si je te dis que je t'aime ? »**

De Francine.

L'éducatrice demande
les noms des père et mère
de chaque enfant.
Alexandre répond :

– **Maman.**

– **Oui, pour toi c'est maman,
mais quand papa lui parle,
comme il l'appelle ?**

– **Y s'chicanent !**

De Monik.

Sara, 3 ans, court vers moi
en me tendant une marguerite.
Elle me dit :

**« Regarde, je t'ai cueilli
une margarine ! »**
De sa gardienne Geneviève.

Un de mes élèves (un garçon)
me disait :

**« Je suis content d'avoir mon âge,
parce qu'à mon âge,
on n'aime pas les filles ! »**

Rémi, 7 ans,
de son professeur Lucie.

Au préscolaire, Suzanne dit
à ses jeunes élèves :

**« Aujourd'hui, on visitera
les personnes âgées. »**

En revenant, un enfant dit
à l'enseignante :

**« Suzanne, j'les ai pas vues
les personnes nager ! »**

De Maude.

Dans un film à la télé,
alors qu'un homme
fumait un cigare,
ma fille me demanda :

**« Pourquoi le monsieur
fume une saucisse ? »**

Amélie, 3 ans,
de son papa Gratien.

Mon fils est assis au cinéma
avec un énorme sac
de pop-corn sur les genoux.
Je lui demande :

**– Vas-tu manger
tout ce gros sac, Gabriel ?**

– Ben non, juste le pop-corn !

Gabriel, 5 ans,
de sa maman Monik.

**« Aux funérailles de papa,
les gens avaient tous
des gouttes de peine
qui leur coulaient au bout du nez. »**

Virginie, 7 ans.

•

Jeanne donne des baisers en l'air,
dehors :

**« J'envoie des becs à maman au travail.
Elle les reçoit toujours. »**

De ses gardiennes Louise et Sophie.

Un jour, la petite fille que je garde
dit à son frère :

« Hier, c'est le passé.
Demain, c'est le futur
et aujourd'hui, c'est un cadeau.
C'est pour ça qu'on l'appelle le
présent. »

Andréanne, 6 ans,
de sa gardienne Geneviève.

Joël dessine une étoile.
Son papa lui dit :

– **Très joli, mais ton dessin
ressemble plus à une fleur
qu'à une étoile…**

– **Mais papa, les étoiles
c'est des fleurs du ciel, non ?**

Joël, 4 ans,
de son ami belge.

Flavie épluche une clémentine :

– Tu sais, Lucie, y a d'l'amour
là d'dans…

– Ah oui ? Comment ça ?

– Pasque c'est tellement bon !

Flavie, 3 ans,
de son éducatrice Lucie.

Mon fils est très charmeur et poétique :

– **Maman, tu es belle
comme un bisou qui brille !
Sais-tu pourquoi tu es belle ?**

– **Non, pourquoi ?**

– **Parce que tu es ma maman !**

Francis, 4 ans,
de sa maman Linda.

À l'école, dans un texte,
une fillette de 9 ans
parlait ainsi de sa grand-mère décédée :

**« Je suis allée voir grand-maman
au jardin des morts. »**

De Mario.

Je dois repartir après des vacances
de trois semaines
chez mes petits-fils.

Gabriel, 5 ans, ne veut pas
que je parte et dit :

**« Allons acheter des piles pour mettre
dans le réveille-matin de papa,
des piles qui feront
aller les aiguilles à l'envers
et tu pourras encore
rester ici avec nous ! »**

De sa grand-maman Colette.

Dans un élan poétique, ma fille me dit :

« Papa, le ciel c'est très haut,
mais avec une grande échelle,
je pourrais prendre la lune pour toi,
des étoiles pour maman
et le soleil pour Jérémie ! »
(son frère)

Catherine, 3 ans,
de son papa Raynald.

Lucas regardait les étoiles.
Voyant un avion qui clignotait
dans ce beau ciel tout noir, il dit :

**« Y'a une étoile qui est en panne,
maman.
Regarde, elle n'arrête pas de
s'éteindre ! »**

De sa maman Gina.

Dans la chanson *Bye bye love*
des Everly Brothers,
on entend les mots
« Bye bye happiness ».

Entendant cette chanson,
ma fille dit à son frère :

**« Vite, vite, viens danser *Bye bye un
pénis !* »**

Janie, 3 ans,
de sa maman Sissye.

Je prenais mon bain avec mon fils,
alors âgé de 2 ou 3 ans. Je lui dis :

**« Quand tu étais tout petit,
maman avait du lait dans ses seins
et tu buvais du lait à maman. »**

Il me regarde tout étonné et me
demande :

**« Quand tu étais une vache,
tu me donnais du lait ? »**

De sa maman Maude.